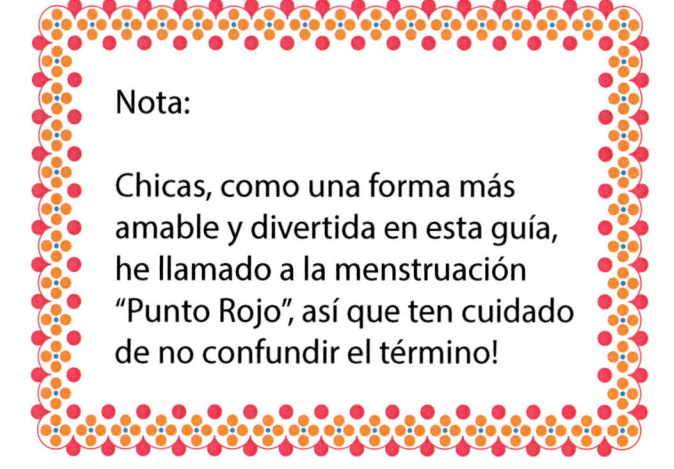

¿Qué me está pasando?

¿Qué hago?

Guía Para Chicas

By María Báez

Illustrated By Troy Locker Palmer

Nota:

Chicas, como una forma más amable y divertida en esta guía, he llamado a la menstruación "Punto Rojo", así que ten cuidado de no confundir el término!

¿Que me esta pasando?
¿Que hago?
Guía Para Chicas

Primera Edición

Copyright © 2010 Marîa Báez

Todos los derechos reservados. Ninguna parte de esta publicación puede ser reproducida, almacenada en sistema de recuperación, o transmitida, en cualquier forma o cualquier medio electrónico, mecánico, fotocopiado, grabado u otros, sin la previa autorización y/o consentimiento de María Báez.

ISBN-13: 978-1497460621

Esta guía esta dedicada a mi querida princesa

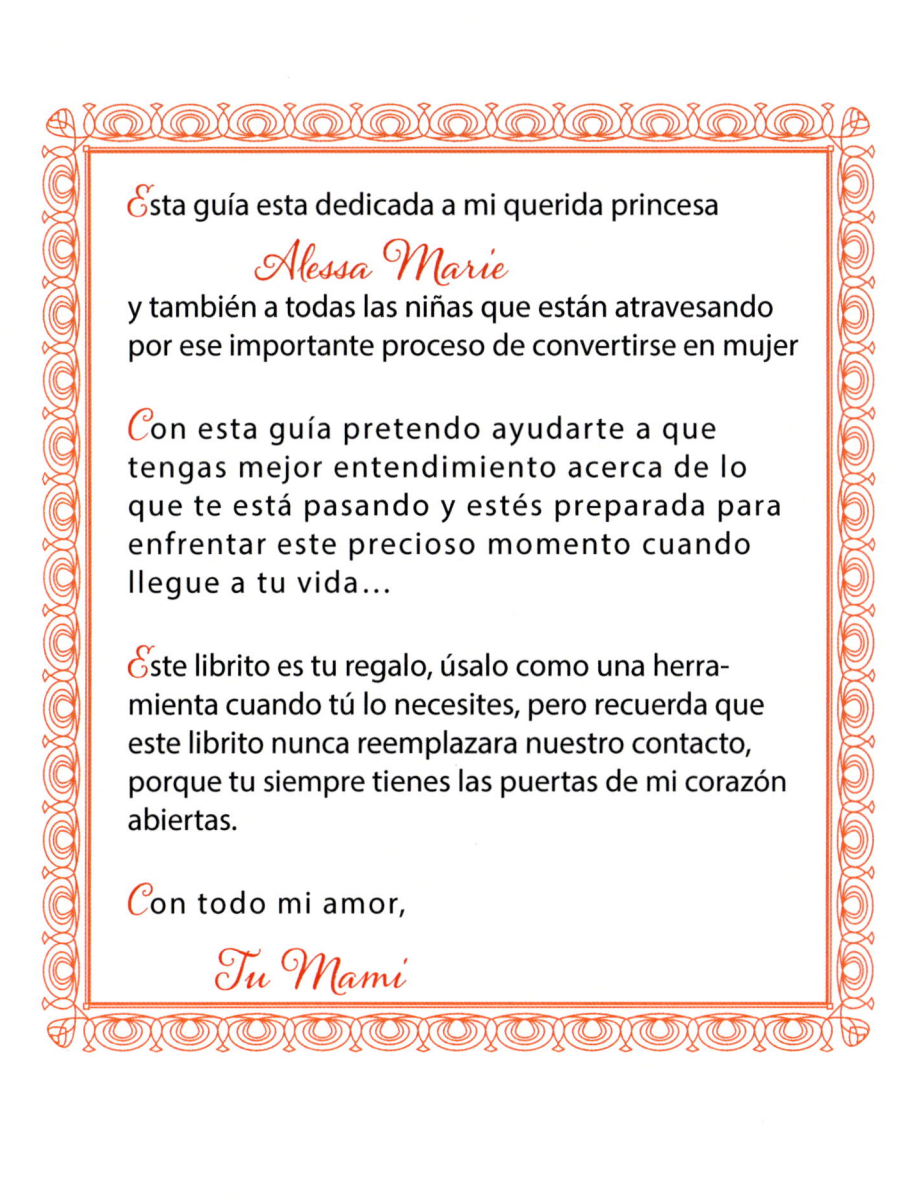

Alessa Marie

y también a todas las niñas que están atravesando por ese importante proceso de convertirse en mujer

Con esta guía pretendo ayudarte a que tengas mejor entendimiento acerca de lo que te está pasando y estés preparada para enfrentar este precioso momento cuando llegue a tu vida…

Este librito es tu regalo, úsalo como una herramienta cuando tú lo necesites, pero recuerda que este librito nunca reemplazara nuestro contacto, porque tu siempre tienes las puertas de mi corazón abiertas.

Con todo mi amor,

Tu Mami

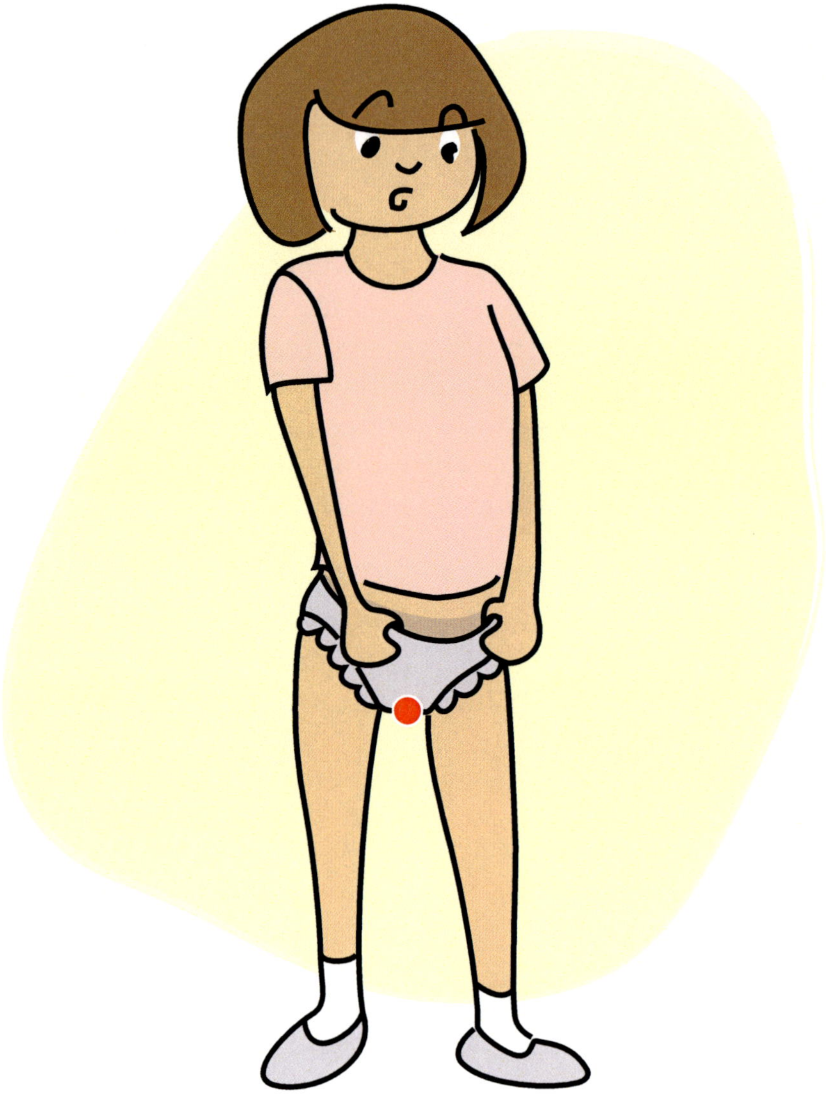

¿Qué me está pasando?

En tu cuerpo se está dando un cambio fisiológico, y no hay nada malo en ti. Le pasa a casi todas las mujeres cada mes y se llama **menstruación** o como le llamaremos aquí "**Punto Rojo**".

Tu te darás cuenta de ese momento cuanto en tu ropa interior veas una cierta cantidad de líquido amarillento , incluida la sangre, que ha salido desde tu vagina.

Tu te darás cuenta de ese momento cuanto en tu ropa interior veas una cierta cantidad de líquido amarillento , incluida la sangre, que ha salido desde tu vagina.

No entres en pánico! El punto rojo no es algo malo que te está pasando, sin embargo, es una señal de que tu cuerpo es normal, esta sano y se está preparando para la vida adulta; este es el medio que tiene la naturaleza de ensenarnos como una niña va convirtiéndose en una niña grande y luego en una mujer

Cada período de transformación por el cual pasa tu cuerpo, es parte del ciclo natural llamado el ciclo menstrual, y este nos confirma que ha comenzado el momento de desarrollar tu sistema de reproducción.

Fallopian tube

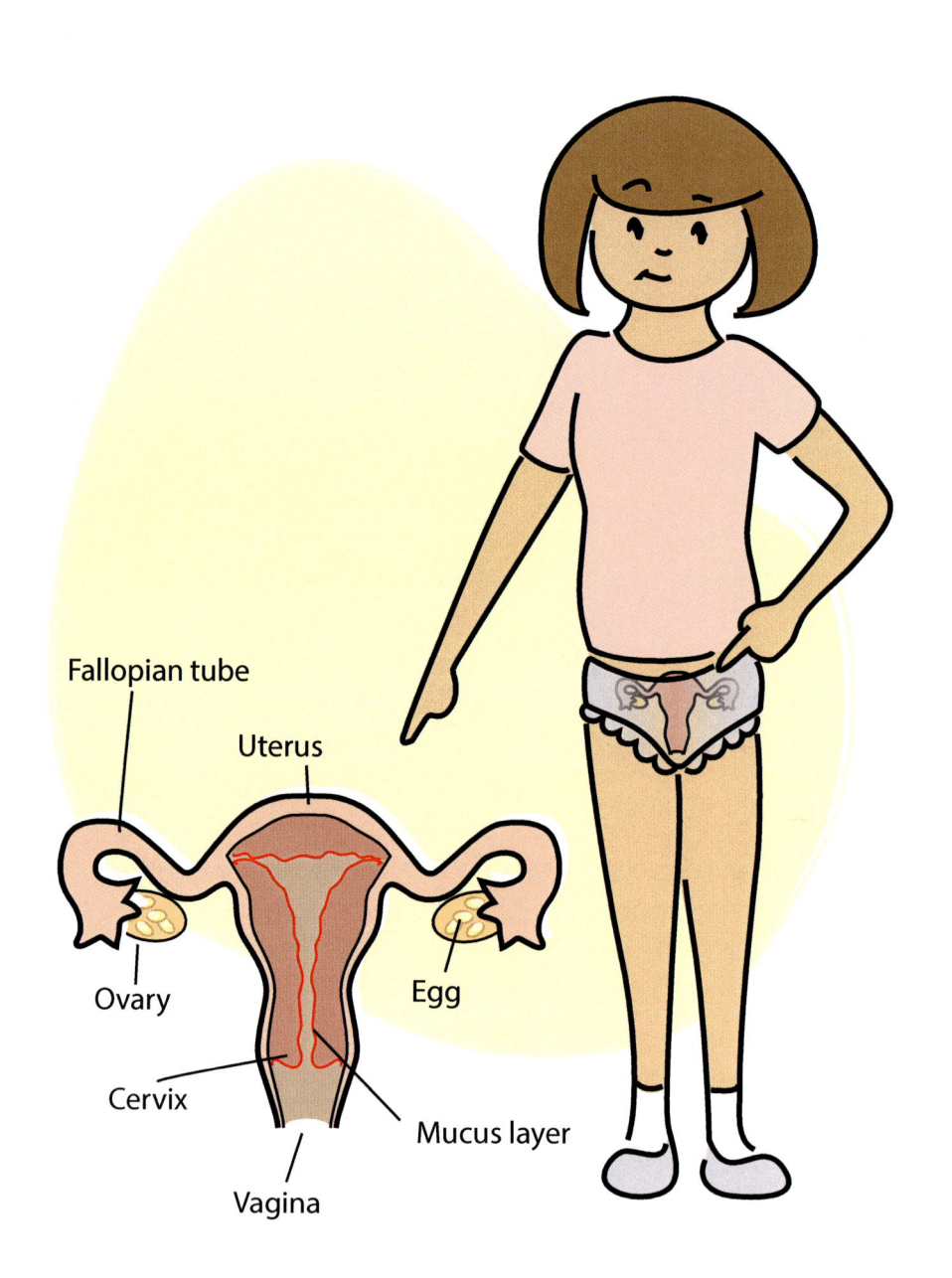

Uterus

Ovary

Egg

Cervix

Mucus layer

Vagina

¿En qué parte de mi cuerpo se produce el ciclo menstrual?

El ciclo menstrual ocurre en el sistema reproductivo de la mujer y este a su vez, contiene los órganos siguientes: los Ovarios (que contienen los óvulos) , las Trompas de Falopio , el útero y la Vagina.

¿Qué sucede dentro de mi cuerpo?

Tu sistema reproductivo pasa por una fase en la que las hormonas sexuales de tu cuerpo comienzan un proceso llamado ovulación. Un óvulo es expulsado desde el interior del ovario hacia las trompas de Falopio. Cuando no hay fecundación del óvulo , la capa mucosa interior del útero se separa y rompe algunos vasos capilares, lo que causa un el sangrado de la vagina.

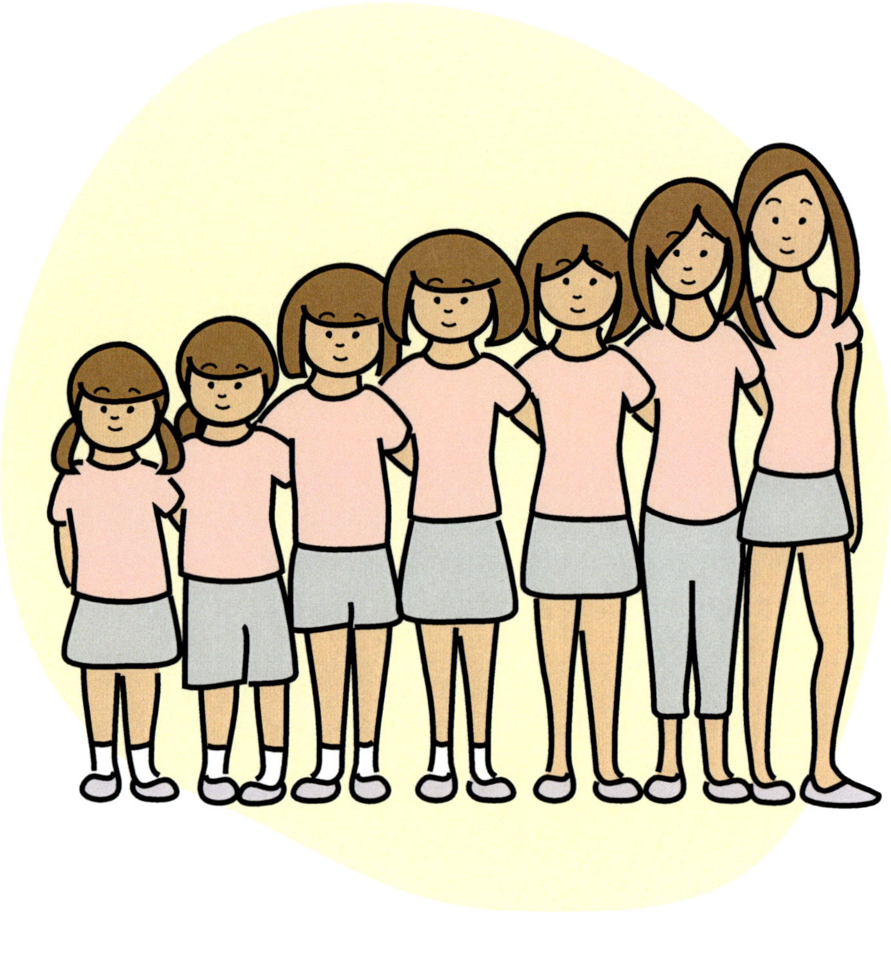

¿Cuándo me llegará el Punto Rojo?

No hay un tiempo "exacto" o preciso en el recibirás tu primer Punto Rojo; este llegará cuando tu cuerpo esté listo. Por lo general, la mayoría de las niñas tiene su primer Punto Rojo entre 10 y 16 años, mayormente común a los 12 años; pero han habido casos en que les ha llegado a partir de 8 años (rara vez).

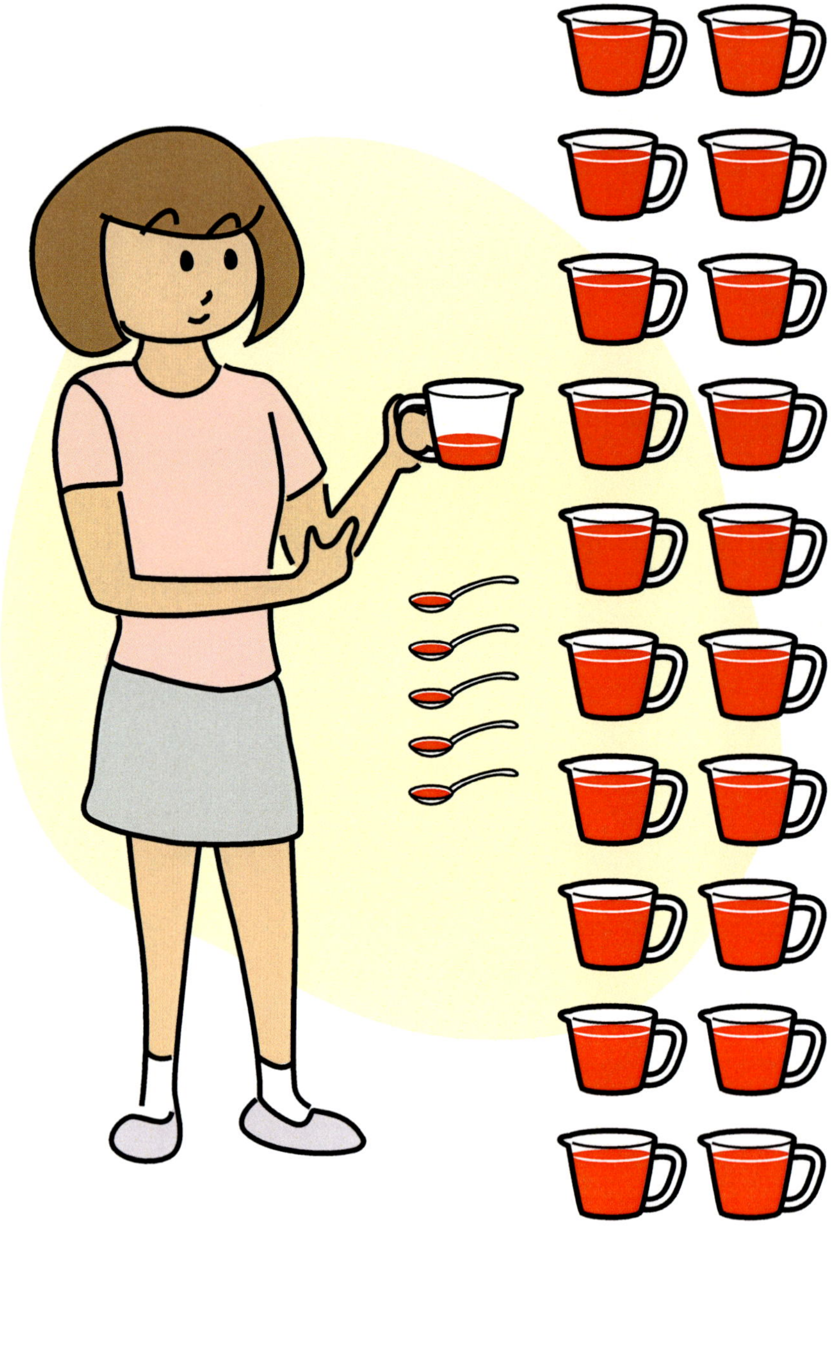

¿Voy a perder mucha sangre?

No entres en pánico! No tienes que asustarte por la cantidad de sangre que normalmente se pierde en el Punto Rojo. Por lo general es que entre 80 y 85 mililitros o menos 1/3 de taza . De esta cantidad aproximadamente 35 mililitros (aproximadamente 5 cucharadas) es la sangre y el resto es el flujo vaginal. Puede parecer mucho, pero en realidad no lo es. Además, tu cuerpo contiene mas de 3,500 mililitros de sangre lo cual hace insignificante esta pérdida de sangre.

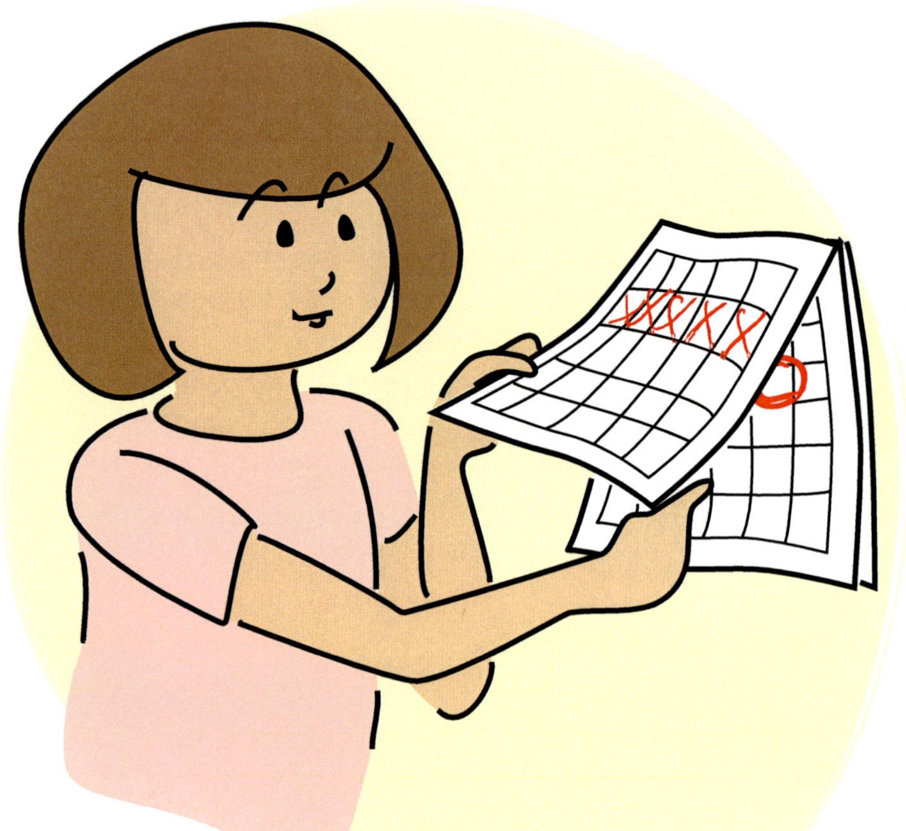

Cuánto tiempo durará?

Casi todas las niñas que tienen su Punto Rojo cada mes, les dura aproximadamente entre 3 y 7 días. Este tiempo es contado desde el primer día que vez tu Punto Rojo hasta el ultimo día que no hay mas rastros en tu ropa interior. Debes esperar por lo general tu Punto Rojo cada 28 días, aunque a veces puede ser mas o menos. De cualquier forma si vez que llega tu Punto Rojo entre 21 y 35 días es normal.

Bueno saber!

Cuando comienzas a menstruar por primera vez, es posible que los períodos no sean muy regulares. Por ejemplo, puede tomar dos o tres meses entre que el Punto Rojo aparezca otra vez, o que cada Punto Rojo dure entre 1 día o 10 días. No te preocupes, todo esto es muy normal, tu cuerpo va a tomar tiempo para establecer ciclos menstruales regulares, y esto puede que ocurra en un máximo de dos años.

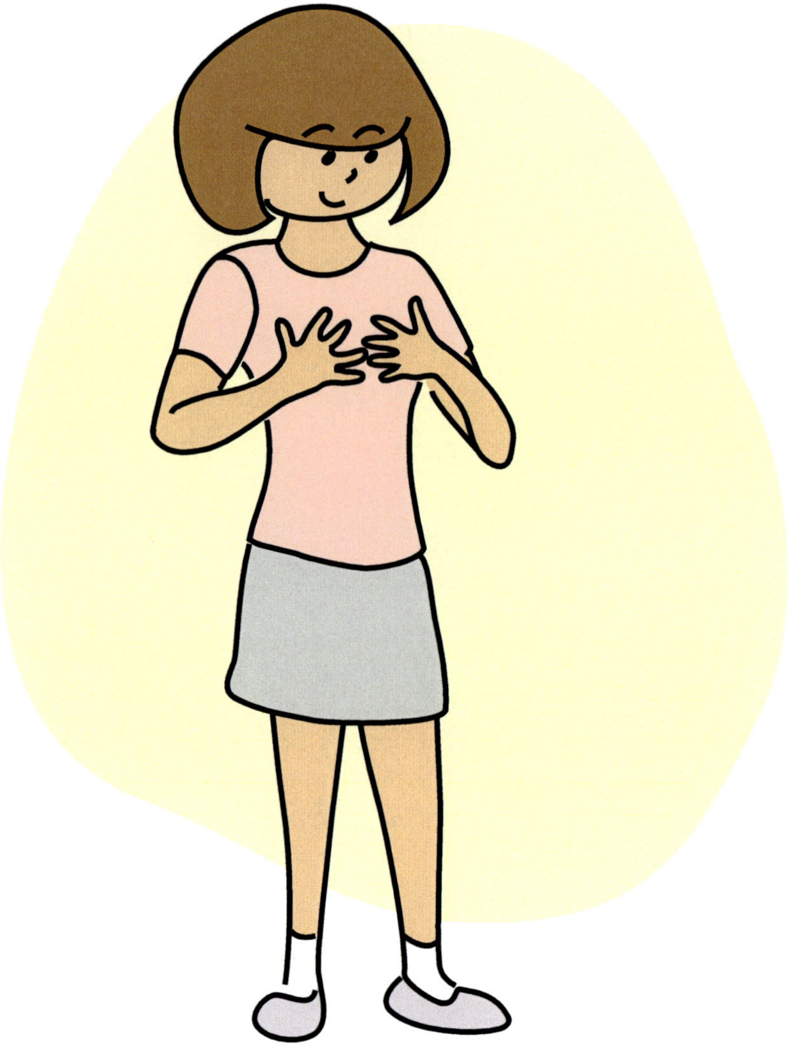

¿Cuáles son los síntomas del Punto Rojo?

Como te dije, todo va a depender de tu propio desarrollo y crecimiento de tu cuerpo, pero debes estar alerta una vez comiences a ver los cambios en tu cuerpo tales como: senos mas grandes, crecimiento de bello púbico y debajo del brazo, aparición de secreción vaginal, etc.

Consejos!

Después que aparece tu primer punto rojo, en lo que tu cuerpo se acostumbra, es posible que no lo veas regularmente. Por ejemplo, puede pasar dos o tres meses entre Punto Rojo, o que cuando te llegue dure de 1 día o 10 días. No te preocupes, todo esto es normal, tu cuerpo toma tiempo para establecer los ciclos menstruales regulares, y esto puede tomar hasta dos anos.

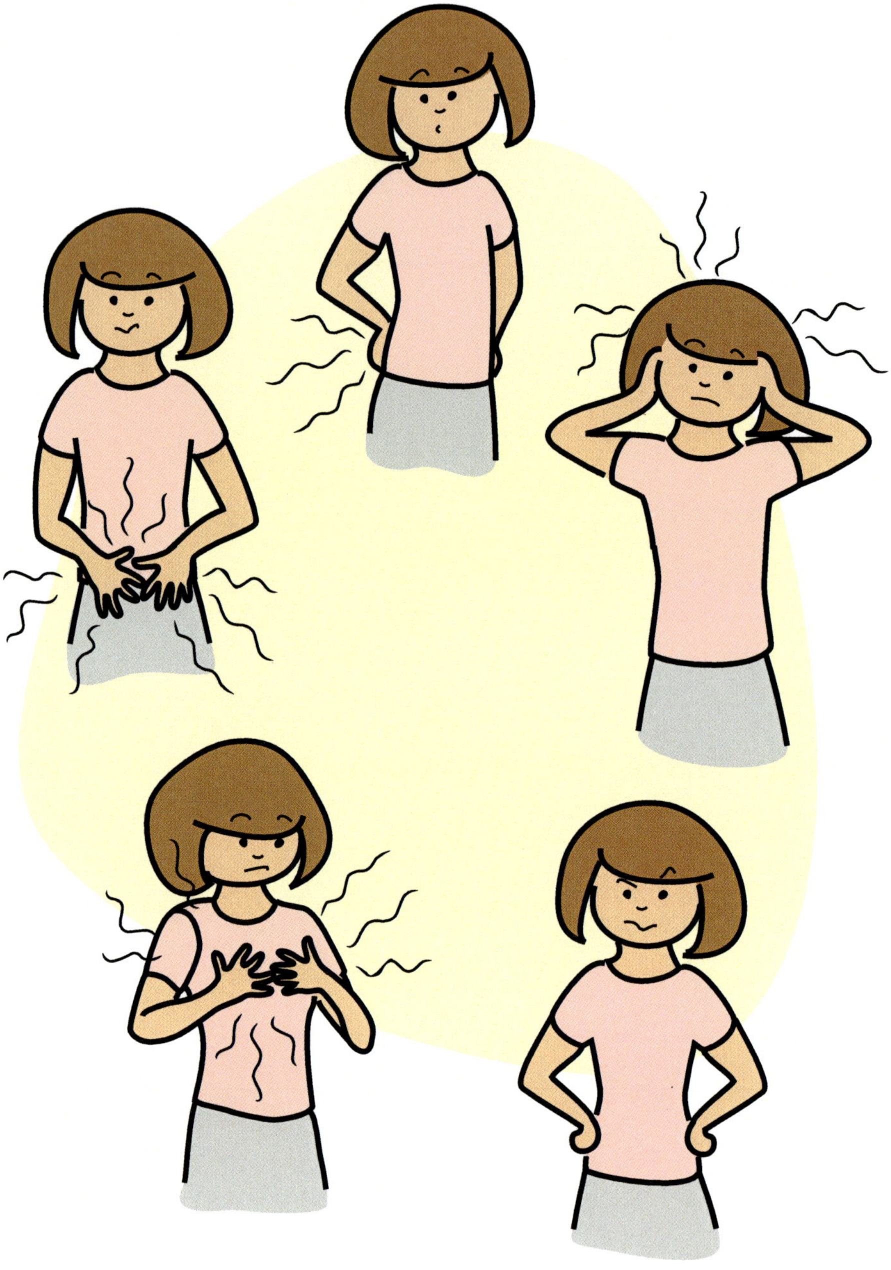

¿Me Dolerá?

No, no necesariamente . Algunas chicas sólo sienten un poco de dolor de vez en cuando y otras nunca sienten nada, pero es bueno que sepas de ciertos síntomas que pudieras sentir, como dolor o calambres en el bajo vientre , dolor de espalda, dolor de cadera, dolores de cabeza , etc. y esto se debe a la contracción del útero para ayudar a eliminar el ovulo no fecundado de su interior. Si tienes estos síntomas o cualquier otra molestia durante tu punto rojo, no te alarmes debido a que por lo general solo pasa el 1 (primer) o 2 (Segundo) día, máximo hasta el 3 (tercer) día y hay maneras de aliviarlos como por ejemplo hacer ejercicio, la buena nutrición, dormir lo suficiente, etc.

¿Me dolerán los pechos antes de que el punto rojo llegue?

Es posible que sientas malestar, hinchazón o dolor en los pechos y esto es causado por el cambio en tus niveles hormonales. Esto es debido a la acumulación de líquido en los senos lo que hace que se vuelvan mas sensibles y pesados. No te preocupes, esta sensación pasará rápidamente una vez que tu Punto Rojo haya terminado.

¿Tendré cambios emocionales en estos días?

Sí, por lo general estas mas sensible y puedes sentirte cansada y pesada. Antes de que te llegue el Punto Rojo, tu cuerpo almacena más agua de lo normal, lo que puede hacer que te sientas hinchada. También es normal que te sientas un poco incómoda durante la pubertad, esto se debe a que estás creciendo y cambiando muy rápidamente.

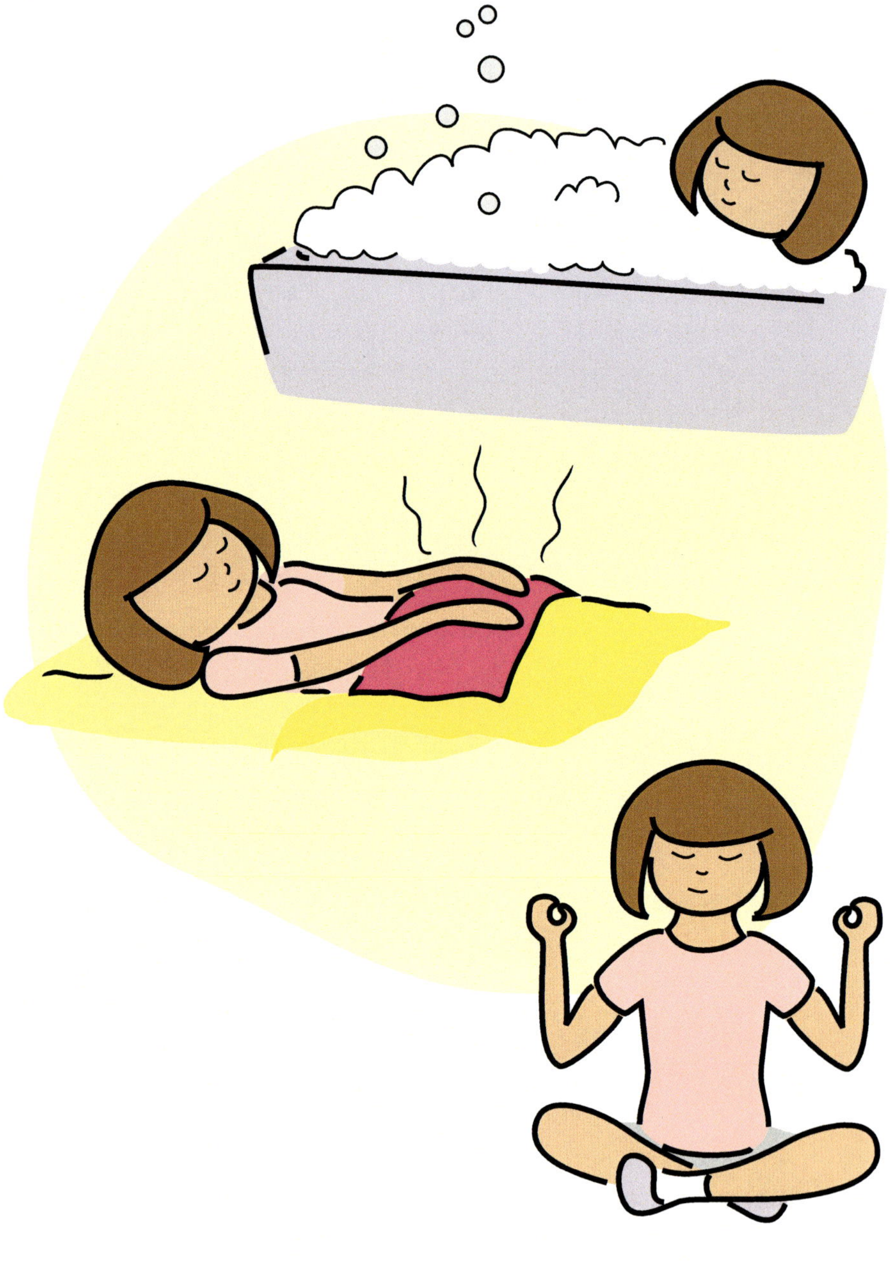

¿Cómo puedo aliviar el dolor?

La primera cosa que bebes hacer y que te hará sentir mejor, es relajarte. Te puedes relajar de varias formas como por ejemplo: dándote un baño de agua caliente, colocando un paño (almohadilla) "caliente" en tu abdomen, ó quizás hacer un poco de ejercicio suave, etc..

Consejos!

Si el dolor es muy intenso, hay buenos analgésicos en la farmacia, pero recuerda que no debes beber nada sin consultar con mami o tutor, debido a que estos medicamentos deben ser evaluados por un proveedor de atención médica o con tu médico.

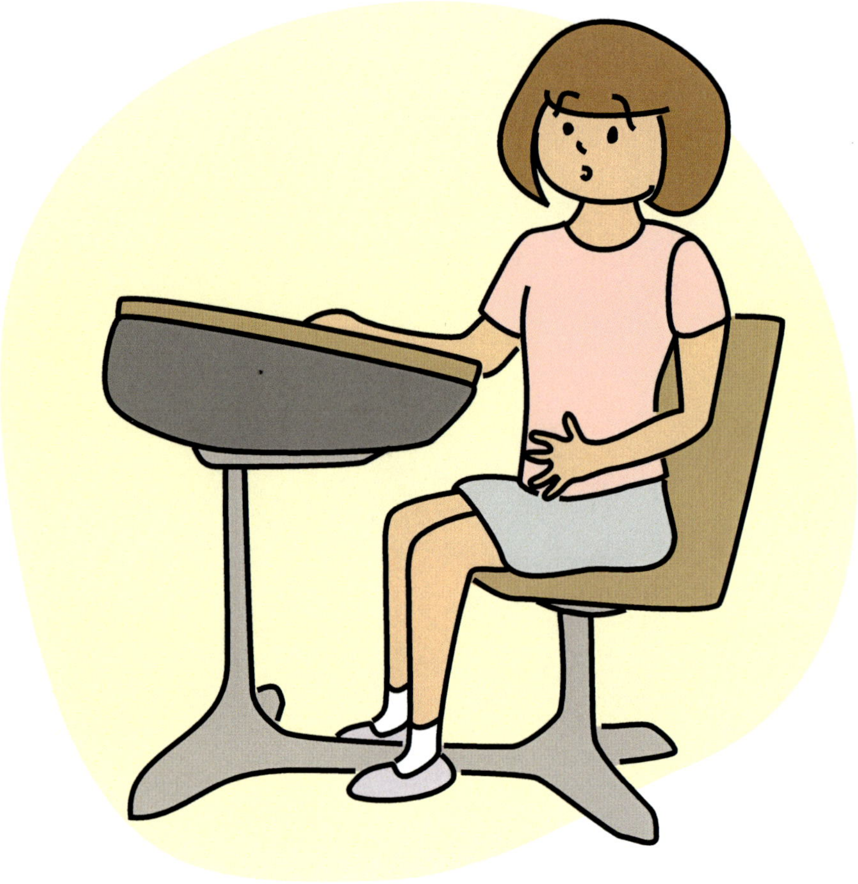

¿Qué hago si mi primer Punto Rojo me llega en la escuela?

Por lo general, a todas las chicas les toma por sorpresa la llegada de su primer Punto Rojo, por lo que no te preocupes, pero prepárate! Siempre es una buena idea llevar en tu mochila una carterita o bolsita con una toalla sanitaria, toallitas femeninas y una ropa interior limpia, por si acaso . Si se te olvidó preparar tu bolsita y no tienes una toalla sanitaria contigo, se puede usar un poco de papel higiénico enrollado. Puedes también hablar con tu maestra de escuela y pedirle que te ayude, esto es normal, no le va a molestar y te diga qué hacer. Muchas escuelas tienes enfermerías y ayudan en casos como este.

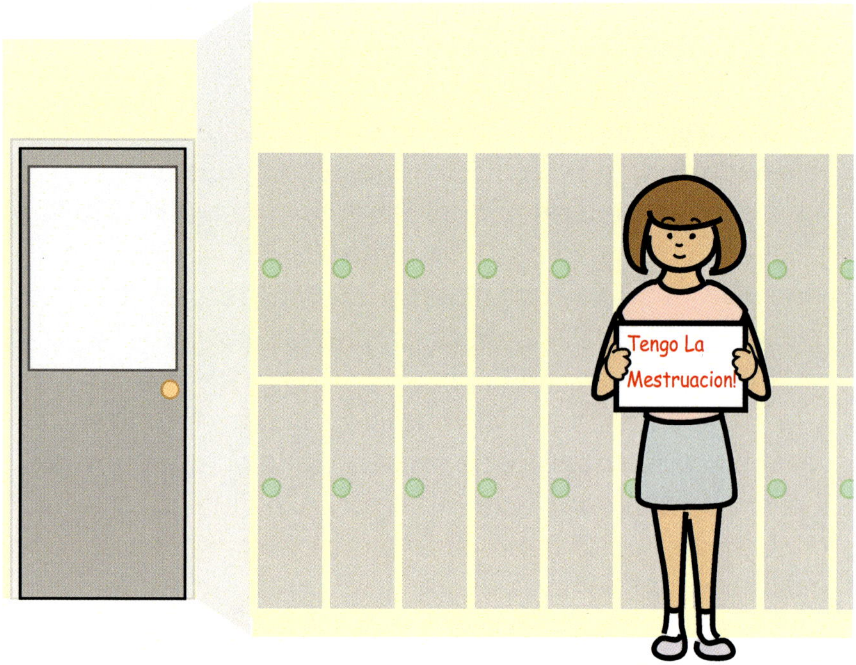
Tengo La
Mestruacion!

¿Se dará cuenta los demás cuando tengo mi Punto Rojo?

¡No! A menos que tú digas... Eso no se nota, no lo tienes escrito en la cara!

¿Voy a producir algún olor cuando tenga mi Punto Rojo?

Sí. Puede que produzcas algún olor, y esto se ocasiona cuando el flujo menstrual entra en contacto con el aire.

¡Consejos!

Lo mejor que puedes hacer contra el mal olor es cambiar tu toalla sanitaria mas continuamente, por lo menos cada 3 ó 4 horas, limpiarte con las toallitas femeninas y tratar de lavarte mas regularmente.

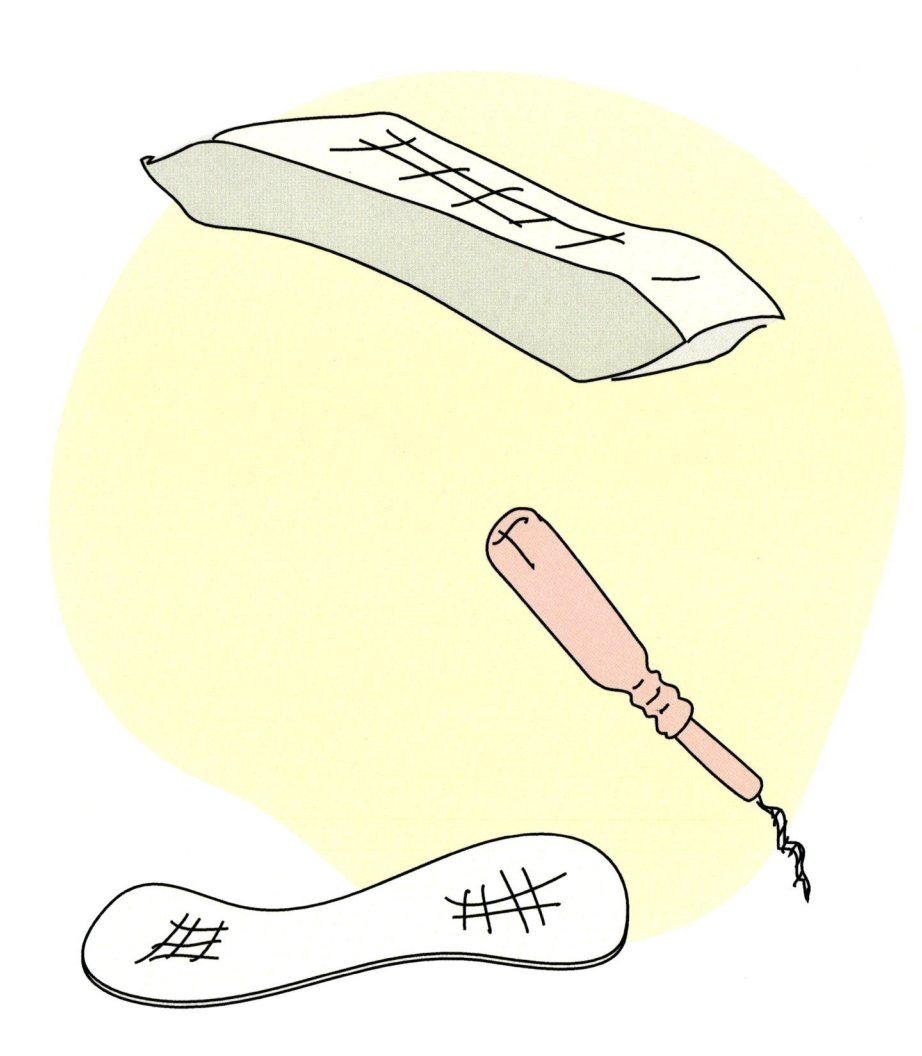

¿Qué debo usar para esos días?

Hoy en día hay muchas marcas y tipos diferentes de toallas sanitarias y tampones utilizados para absorber el flujo menstrual cuando se elimina de tu cuerpo. Las toallas sanitarias o almohadillas se adhieren a su ropa interior y absorben el flujo menstrual después de salir de la vagina. No hay una regla absoluta, si utilizar toallas gruesas o delgadas debes escogelas según te sientas mas cómoda y segura. Como sugerencia, es bueno utilizar las ultra finas, porque están hechas de un material especial que es súper absorbente, lo que significa que la humedad queda atrapada en el interior y no puede salir. Estas almohadillas son súper delgadas, cómodas y discretas, mientras que proporciona una excelente protección y te sientes limpia y seca. Recuerda que es importante cambiar las toallas varias veces al día. Otro método es el de tampón, que absorben el flujo desde el interior de la vagina a medida que sale del útero.

¡Consejos!

Antes de utilizar cualquier método, siempre es bueno hablar con tu madre o tutor para determinar el mejor método a utilizar cuando tengas el Punto Rojo. Todos los métodos son igualmente seguros, pero seria bueno que también consultes tu medico con tu mami para que te ayuden a escoger con lo que te sientas más cómoda.

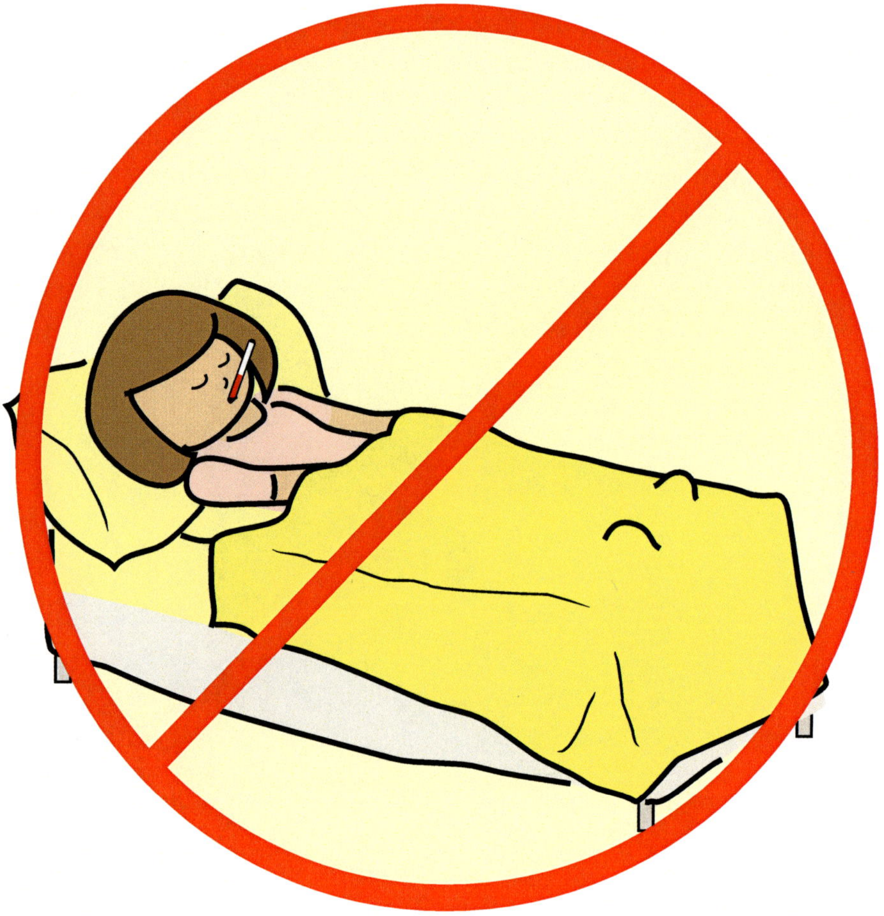

¿Hay algo que no puedo hacer, mientras que tengo mi Punto Rojo?

No. Tu vida y actividades cotidianas deben ser tan habitual como siempre. Tener tu Punto Rojo no significa estar enferma, sino que lo debes ver como la parte sana y normal de ser mujer. Cuando tengas tu Punto Rojo puedes ir a la escuela, ayudar con el trabajo en casa, ver a tus amigos, practicar deportes, nadar en la playa o la piscina, o sea, lo que quieras.

> Es bueno saber… En los tiempos antiguos, las mujeres cuando tenían el Punto Rojo eran consideradas "impuras ", y eran expulsadas o aisladas de las tribus hasta que pasaba el Punto Rojo… Luego, antes de regresar a su tribu tenían que pasar por baños y rituales que fueron prescritos después de terminar de su Punto Rojo con el fin de "purificar" otra vez esa alma…Curioso no?... Gracias que nosotras no tenemos que pasa por esto, ya que ahora sabemos que el Punto Rojo es una fase superior adicional del ciclo reproductivo femenino, en el que una chica puede hacer una vida completamente normal.

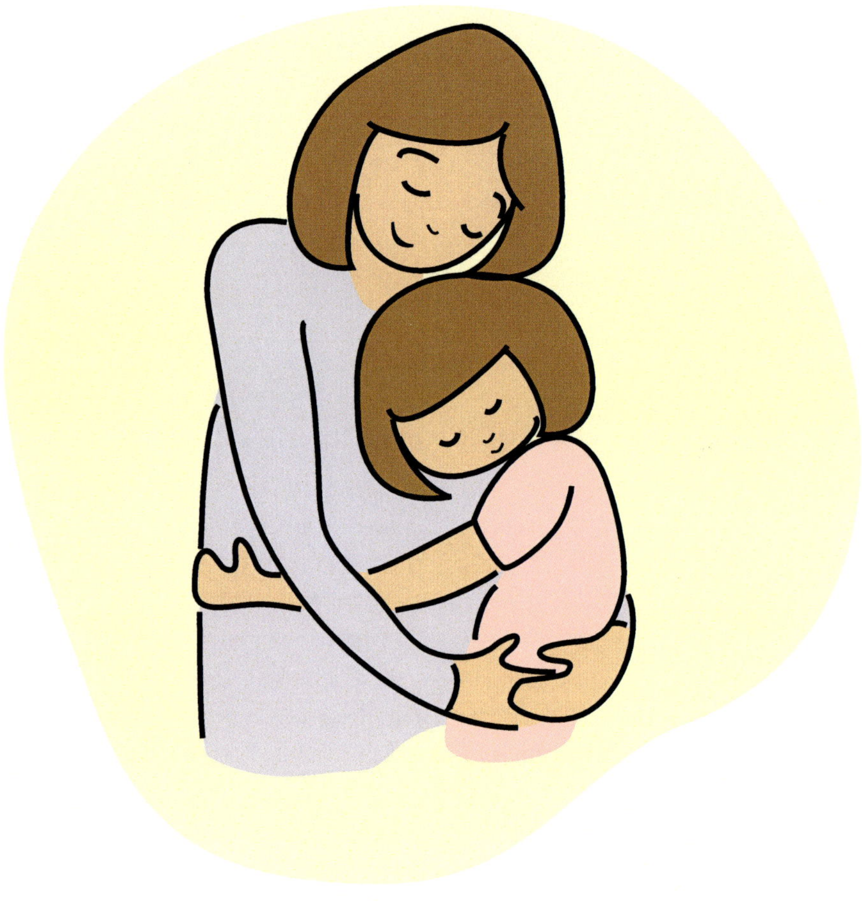

¿Con quién hablo cuando me llegue mi Punto Rojo?

Cuando llegue ese momento, no debes sentir vergüenza de hablar de ello con mami… Recuerda que también mami tiene su Punto Rojo cada mes. Ella sabe exactamente qué hacer y cómo ayudarte.

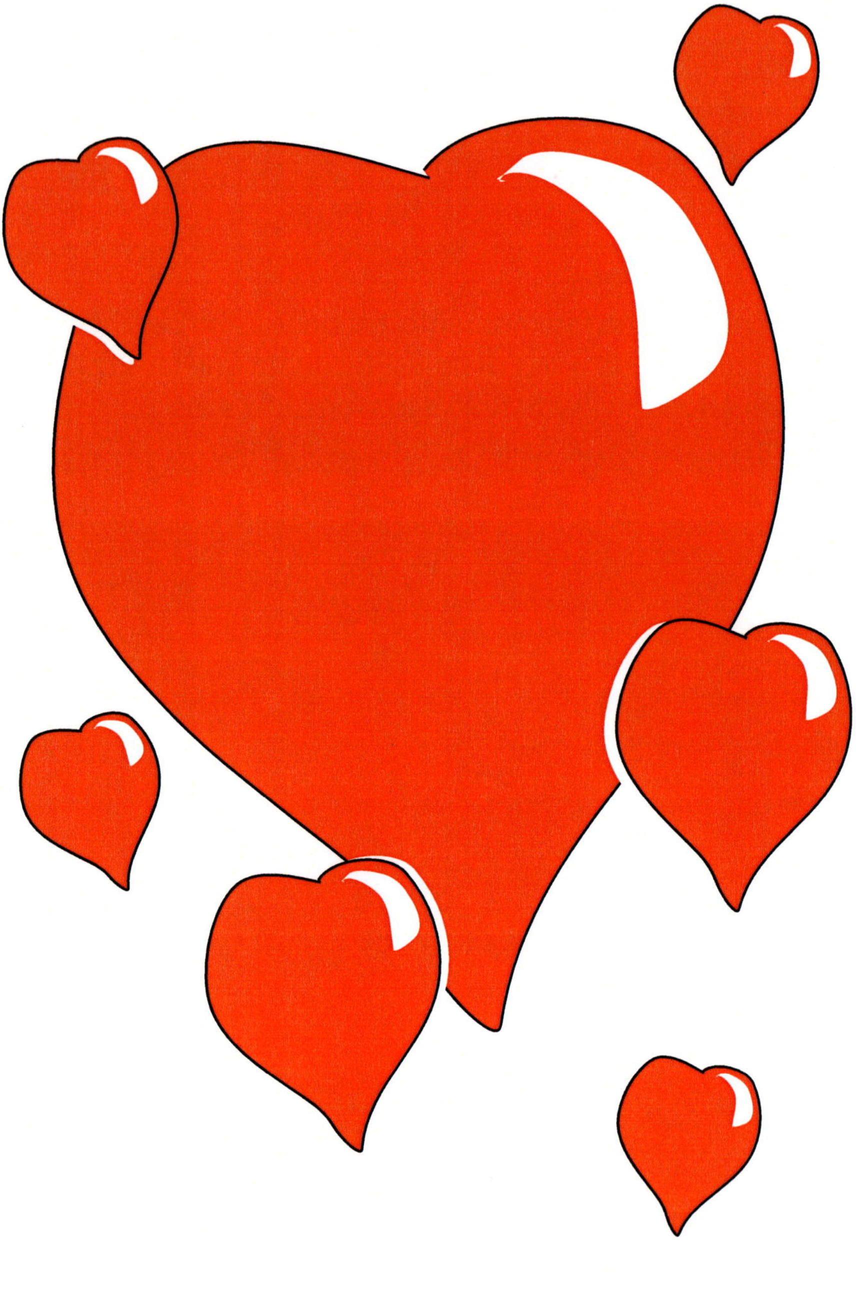

Espero que ahora tengas una mejor idea de que significa el "Punto Rojo", pero si no entendiste la primera vez que lo leíste, no te frustres, porque entenderás mejor a través de que pases por la experiencia…
Me paso a mí también!

Y ten presente que, el Punto Rojo es algo natural una parte maravillosa de la mujer, porque de lo contrario tu no estarías hoy aquí.

En la página siguiente, te daré algunas descripciones de términos que mencione en esta guía, para que te familiarices mas con éste tema. Tu puedes tener esta guía como referencia cada vez que tengas inquietudes, pero recuerda!

Siempre es bueno preguntar a mami…

Punto de Referencia

Buffers: algodón Roll, celulosa u otro material que se inserta en la vagina para absorber el flujo menstrual.

Ciclo Menstrual: Numero de días entre llegada de Menstruación, o sea periodo que pasa entre el primer día de menstruación y el primer día de la menstruación siguiente.

Fertilización: Uniendo los elementos reproductores masculino y femenino para dar origen a un nuevo ser.
Fisiológico: somático, orgánico, vital, funcional.

Hormonas sexuales: determinado producto de la secreción de las glándulas en el cuerpo de los seres humanos, animales y plantas, transportados por la sangre o savia, y que regulan la actividad de otros órganos.

La fertilización de un ovulo: si la ruta del óvulo en la trompa de Falopio se encuentra con algún "esperma" este óvulo es fertilizado. Su viaje continúa para llegar a la pared del útero y permanecer allí, lo que llevaría a la formación de un bebé.

Menopausia: la cesación natural de la menstruación en las mujeres a partir de cierta edad. Las mujeres son fértiles hasta la menopausia.

Ovulación: es el traslado natural de un óvulo desde el ovario por las trompas de Falopio para que pueda ser fecundado.

Ovulo: embrión, huevo, cigoto, embrión, macrogameto.

Sperm: es una célula que forma parte del órgano reproductor masculino. Y su función es la formación de un nuevo ser al juntarse con el óvulo de la mujer que proviene de su sistema reproductivo.

Testosterona: es una hormona sexual masculina.

Trompas de Falopio: que cada uno de los tubos se conectan los ovarios con el.

Made in United States
Orlando, FL
02 March 2025